Onde podemos encontrar conforto?

Reflexões sobre 2 Coríntios

Estudos Bíblicos da série *Descobrindo a Palavra*

Onde os seguidores de Cristo podem encontrar conforto quando as circunstâncias os levam ao esgotamento total?

No livro de 2 Coríntios, no Novo Testamento, o apóstolo Paulo nos ajuda a responder essa pergunta. Em suas próprias palavras, o autor de uma das cartas mais importantes que já foram escritas explica como superou alguns de seus momentos de maior escuridão, com reflexões que fizeram a vida valer a pena.

Que as descobertas de Paulo se tornem as nossas próprias descobertas. Quando não tivermos mais a quem recorrer, que possamos também encontrar "o Pai de misericórdias e Deus de toda consolação" enchendo as nossas vidas com a Sua presença.

Martin R. DeHaan II, Presidente de Ministérios RBC

Coordenador:	Bill Crowder
Editora:	Anne Cetas
Gráficos:	Alex Soh, Ineke, Audrey Novac Ribeiro
Foto da Capa:	Alex Soh ©2007 RBC Ministries
Guia de Estudo:	Bill Crowder, Sim Kay Tee
Tradução:	Luciane Krauser
Edição:	Rita Rosário

Este guia de estudos bíblicos baseia-se no livreto da série *Descobrindo a Palavra* de Ministérios RBC, *Onde podemos encontrar conforto? — Reflexões sobre 2 Coríntios.* Com aproximadamente 80 títulos traduzidos para a língua portuguesa, esta série de estudos aborda uma variedade de assuntos contemporâneos que retratam a caminhada cristã à luz de uma perspectiva bíblica. Estes livretos de 32 páginas são um manancial de recursos para obter discernimento em seu estudo da Palavra de Deus. Descubra mais sobre estes livretos acessando o site www.publicacoesrbc.com.br

Exceto se indicado o contrário, as citações bíblicas são extraídas da Edição Revista e Atualizada de João F. de Almeida © 1993 Sociedade Bíblica do Brasil.

ministérios rbc

Código: LE174

ISBN: 978-1-60485-208-0

Impresso no Brasil / Printed in Brazil

Sumário

INTRODUÇÃO

Problemas além dos limites

Perguntaram ao pastor de uma igreja do centro degradado de uma cidade sobre a extensão do problema com as drogas em sua comunidade. A dor transpareceu em seu rosto ao responder: "Está além dos limites."

Ele então discorreu sobre o que vê acontecer com as pessoas que ama. Confessou que luta com o fato de que, dos 25 jovens que ele e a esposa abrigaram em sua própria casa, quase todos estão de volta às ruas traficando novamente. Ele sofre quando vê jovens que precisam escolher entre trabalhar por um mísero salário ou vender drogas e ganhar 1500 dólares por dia. Ele se sente devastado, pois muitos destes jovens se veem como se estivessem destinados ao crime, prisão e desesperança.

Os sentimentos deste pastor do centro degradado da cidade são parecidos com as preocupações que partem os corações dos capelães militares. O que os capelães uniformizados podem fazer por aquelas mulheres e homens corajosos, que sobrevivem aos campos minados e às emboscadas do inimigo, somente para voltar para casa com as lembranças do campo de batalha ardendo em suas almas? Que consolo eles podem dar aos que acordam molhados de suor no meio da noite, revivendo os horrores dos campos de morte, vivenciando novamente as explosões ensurdecedoras da artilharia que se aproximava, sentindo-se culpados apenas por estarem vivos?

Entretanto, dores deste tipo, não estão limitadas somente aos campos de batalha ou às ruas da cidade. Quem pode viver sem ser atingido pela perda de um ente querido, por uma saúde debilitada ou pela angústia mental e emocional de um membro da família ou amigo? Quem pode mensurar os problemas enfrentados pelos filhos de alcoólatras, pelas vítimas de abuso sexual, ou pelo incontável número de pessoas que aprenderam a manter o sorriso e a trabalhar duro para esconder a própria história de tormento pessoal?

Pessoas feridas precisam de algo mais, além das palavras. Precisam de alguém que caminhe ao seu lado.

Pessoas feridas precisam de palavras de consolo. Contudo, elas precisam de algo mais, além das palavras. Precisam de alguém que possa aliviar o peso da solidão, da saúde abalada e do desespero que sentem. Precisam de uma voz tranquilizadora que de modo firme, mas delicado diga: "Agora estou aqui. Não tenha medo."

Muitas vezes, porém, esse consolo nunca chega. Finalmente, aprendemos que nem mesmo os melhores pais, amigos, cônjuges ou patrões podem dar a segurança pessoal que queremos para nós mesmos e para os outros.

Somente quando não há mais a quem recorrer, estamos prontos para orar como o rei Davi orou:

> *Ouve, SENHOR, a minha voz; eu clamo; compadece-te de mim e responde-me. Ao meu coração me ocorre: Buscai a minha presença; buscarei, pois, SENHOR, a tua presença. Não me escondas, SENHOR, a tua face, não rejeites com ira o teu servo; tu és o meu auxílio, não me recuses, nem me desampares, ó Deus da minha salvação. Porque, se meu pai e minha mãe me desampararem, o SENHOR me acolherá (Salmo 27:7-10).*

QUEM É O CONSOLADOR?

O Consolador

Quando o rei Davi orou pela presença consoladora de Deus (Salmo 27:7-10), ele sabia que estava pedindo uma tranquilidade maior que qualquer mortal poderia dar. Todavia, o que não poderia imaginar é que, um dia uma pessoa de verdade estaria diante de um grupo de discípulos perturbados e diria:

> *Não se turbe o vosso coração; credes em Deus, crede também em mim. [...] Deixo-vos a paz, a minha paz vos dou; não vo-la dou como a dá o mundo. Não se turbe o vosso coração, nem se atemorize (João 14:1,27).*

O Mestre que disse estas palavras fez mais do que falar. Provou Sua credibilidade ajudando homens e mulheres em dificuldades. Ele acalmou suas tempestades, curou suas pernas atrofiadas e paralisadas, deu vista aos cegos e alimentou milhares de pessoas com o almoço de uma criança. E pouco antes de voltar para o Pai, Ele reforçou Sua oferta de consolo dizendo:

> *E eu rogarei ao Pai, e ele vos dará outro Consolador, a fim de que esteja para sempre convosco, o Espírito da verdade... (João 14:16-17).*

Quando Jesus se referiu ao Espírito Santo como o Consolador, usou uma palavra que significava "aquele que é chamado ao lado de". Este Consolador prometido seria tão importante para os discípulos que Jesus declarou:

> *...convém-vos que eu vá, porque, se eu não for, o Consolador não virá para vós outros; se, porém, eu for, eu vo-lo enviarei (João 16:7).*

Poucas semanas depois, veio o Consolador que não somente estaria com os seguidores de Jesus, mas também *habitaria* neles.

Como o Espírito de Deus nos consola?

Uma das coisas que aprendemos na Bíblia é que o Espírito de Cristo, que conforta, trabalha de maneira, nem sempre igual à nossa. Podemos comprovar observando a vida de alguém que provavelmente já passou por tantos problemas, quanto qualquer veterano de guerra; viciado, vítima de abuso sexual ou qualquer pessoa que esteja enlutada, que você conheceu. E esse alguém, apesar de toda a dor que enfrentou, passou por tudo louvando "o Pai de misericórdias e Deus de toda consolação" (2 Coríntios 1:3).

Esse alguém, nós o conhecemos como apóstolo Paulo, que transformou-se de assassino em conselheiro espiritual. Como um representante de Cristo que foi agredido, ferido e muitas vezes torturado, Paulo é um estudo de caso sobre como o Espírito de Deus pode nos consolar e ajudar em meio às dificuldades. Ele é um exemplo de alguém que foi capaz de superar as lembranças atormentadoras daquilo que havia feito aos outros (Atos 8:1-3; 1 Timóteo 1:12-17) e do que os outros haviam feito a ele.

Para nos dar uma ideia do que ele enfrentara ao longo da sua trajetória, Paulo escreveu:

> *Cinco vezes recebi dos judeus uma quarentena de açoites menos um; fui três vezes fustigado com varas; uma vez, apedrejado; em naufrágio, três vezes; uma noite e um dia passei na voragem do mar; em jornadas, muitas vezes; em perigos de rios, em perigos de salteadores, em perigos entre patrícios, em perigos entre gentios, em perigos na cidade, em perigos no deserto, em perigos no mar, em perigos entre falsos irmãos; em trabalhos e fadigas, em vigílias, muitas vezes; em fome e sede, em jejuns, muitas vezes; em frio e nudez (2 Coríntios 11:24-27).*

Ainda assim, Paulo era mais que um sobrevivente. Apesar de lembrar-se e carregar as cicatrizes trazidas do passado, ele não estava destruído nem amargurado pelas suas recordações. O apóstolo era capaz de olhar para trás e ver que os momentos mais obscuros, na verdade prepararam o caminho para o nascer do sol. Escreveu com convicção sobre a misteriosa, mas verdadeira fonte de consolo que o libertou de suas lembranças:

> *Bendito seja o Deus e Pai de nosso Senhor Jesus Cristo, o Pai de misericórdias e Deus de toda consolação! É ele que nos conforta em toda a nossa tribulação, para podermos consolar os que estiverem em qualquer angústia, com a consolação com que nós mesmos somos contemplados por Deus. Em tudo somos atribulados, porém não angustiados; perplexos, porém não desanimados; perseguidos, porém não desamparados; abatidos, porém não destruídos (2 Coríntios 1:3-4; 4:8-9).*

Paulo é um estudo de caso sobre como o Espírito de Deus pode nos consolar e ajudar em meio às dificuldades.

Qual era o segredo de Paulo? A sua resistência à dor era tão grande que ele não sofria como o restante de nós? O seu corpo não tinha nervos? Será que ele estava tão esgotado que tornou-se como um boxeador atordoado que volta para apanhar mais, não importa quantas vezes tenha sido nocauteado?

Não acho que devemos defender qualquer uma das hipóteses acima. Paulo era um candidato perfeito à decepção, ainda assim, continuou sendo renovado em seus propósitos, e renovando-se para outros.

Então qual era o segredo de Paulo? É isso que vamos analisar no restante deste estudo. Podemos aprender muito sobre consolo olhando para a história de vida dele, conforme relato em 2 Coríntios, a sua carta mais pessoal. É aqui que encontraremos uma série de reflexões que passaram pela cabeça e pelo coração de um homem que era uma testemunha viva do consolo de Deus.

Nas próprias palavras de Paulo, encontraremos explicações para sua capacidade de sobreviver às experiências que destruíram outras pessoas. Em 2 Coríntios veremos algumas maneiras, como Paulo experimentou o amor e o consolo de Deus. E veremos como poderemos encontrar salvação e alívio.

O "Deus de toda consolação" pode nos pedir para sairmos da planície do nosso passado e subirmos as montanhas do nosso futuro — um novo jeito de viver e amar.

Com a experiência de Paulo aprenderemos que primeiramente nossas expectativas podem ser parte do problema. Pode ser que queiramos nada além de um abraço caloroso e uma palavra de encorajamento, para nos recolocar em pé e retomar a rotina. Todavia a experiência de consolação de Paulo demonstra de maneiras muito específicas, que talvez Deus não queira que voltemos ao lugar onde estávamos. O "Deus de toda consolação" pode nos pedir para sairmos da planície do nosso passado e subirmos as montanhas do nosso futuro — um novo jeito de viver e amar.

ESTUDO N.º 1

Quem é o Consolador?

João 14:27 — "Deixo-vos a paz, a minha paz vos dou; não vo-la dou como a dá o mundo. Não se turbe o vosso coração, nem se atemorize."

Objetivo:
Enxergar a provisão divina de consolo no Espírito Santo.

Para memorizar:
João 14:27

Leitura:
"O Consolador" e "Como o Espírito de Deus nos consola?" pp.6-9.

Quebra-gelo

Faça uma lista de três ou quatro pessoas que o encorajaram nesta semana. Descreva resumidamente como cada uma delas o encorajou ou consolou.

Reflexão

Na página 5 lemos: "Pessoas feridas precisam de algo mais, além das palavras. Precisam de alguém que caminhe ao seu lado." Você concorda? Por quê?

Quem é o Consolador? (Veja p.6) Qual é o significado desta palavra e como ela descreve o papel desta Pessoa em nossas vidas?

Na p.7 lemos: "Uma das coisas que aprendemos na Bíblia é que o Espírito de Cristo, que conforta, trabalha de maneira, nem sempre igual à nossa." Como você descreveria esta realidade? Como você explicaria isso para alguém que está sofrendo?

Aprofundamento

Texto-chave: 2 Coríntios 1:3-4; 4:8-9

No versículo 3, Paulo descreve Deus de diversas maneiras. Qual é o significado de cada uma delas?

Qual a relação entre o consolo que Deus nos dá e a nossa capacidade de consolar aos outros? (v.4).

Que garantia e encorajamento você pode extrair das quatro metáforas, e dos contrastes que Paulo usou para descrever as dificuldades na vida dele? (2 Coríntios 4:8-9).

Um passo adiante

Falar sobre

Como você acha que os discípulos reagiram emocionalmente às palavras de Jesus em João 16:7? Na sua opinião, qual foi o sentimento deles sobre a Sua partida?

Refletir

Descreva uma ocasião em que você experimentou o consolo do Espírito Santo. Como Ele o fortaleceu em sua hora de necessidade?

O Espírito Santo, muitas vezes, nos consola através de pessoas que já foram consoladas. Pense em alguém que precise de encorajamento e peça ao Espírito de Deus que use você para caminhar junto dele e consolá-lo. Quais são algumas atitudes que você pode tomar para encorajá-lo?

Bendito seja o Deus e Pai de nosso Senhor Jesus Cristo, o Pai de misericórdias e Deus de toda consolação! É Ele que nos conforta em toda a nossa tribulação, para podermos consolar os que estiverem em qualquer angústia, com a consolação com que nós mesmos somos contemplados por Deus [...] Em tudo somos atribulados, porém não angustiados; perplexos, porém não desanimados; perseguidos, porém não desamparados; abatidos, porém não destruídos.
(2 Coríntios 1:3-4; 4:8-9)

...convém-vos que eu vá, porque, se eu não for, o Consolador não virá para vós outros; se, porém, eu for, eu vo-lo enviarei.
João 16:7

ONDE PODEMOS ENCONTRAR CONFORTO? (PARTE 1)

No Deus que consola (2 Coríntios 1:3-7)

Paulo é um exemplo do que pode acontecer com a mente e a vida de alguém que foi tocado e transformado pelo amor de Deus. Ele ilustra o quanto as nossas vidas podem ser enriquecidas, quando aprendemos a encontrar nossa paz e segurança no "Pai de misericórdias e Deus de toda consolação." Ele também mostra quanta satisfação encontramos, quando tendo sido transformados pelo amor de Deus, nos preocupamos mais com as necessidades dos outros do que com as nossas. Com isso em mente, Paulo louvou a Deus...

> *...que nos conforta em toda a nossa tribulação, para podermos consolar os que estiverem em qualquer angústia, com a consolação com que nós mesmos somos contemplados por Deus. Porque, assim como os sofrimentos de Cristo se manifestam em grande medida a nosso favor, assim também a nossa consolação transborda por meio de Cristo (2 Coríntios 1:4-5).*

Paulo nos permite saber que Deus tem um interesse especial em consolar aqueles que estão dispostos a unir-se a Cristo para cuidar dos outros. Em outra carta do Novo Testamento, Paulo escreveu:

> *Agora, me regozijo nos meus sofrimentos por vós; e preencho o que resta das aflições de Cristo, na minha carne, a favor do seu corpo, que é a igreja (Colossenses 1:24).*

Em outras palavras, somente Cristo sofreu para pagar o preço pelos nossos pecados. Ninguém mais poderia fazer isso. A cruz estava consumada de uma vez por todas! No entanto, o que Paulo poderia fazer com a ajuda de Deus era unir-se a Cristo com a disposição de viver para os interesses dos outros. Como Cristo, Paulo colocou o seu próprio bem-estar temporário em compasso de espera, para resgatar aqueles que precisavam de ajuda.

Isso significava problemas. Para Paulo significava expor-se diariamente às circunstâncias que colocavam sua vida em risco (1 Coríntios 15:31; 2 Coríntios 4:8-11). Representava uma disposição diária de morrer, se necessário, para demonstrar o amor de Deus. No entanto, durante o processo, ele ficou impressionado com a capacidade divina em compensar qualquer problema enfrentado pelo caminho.

Esta é uma verdade para todos os filhos de Deus, e oferece esperança e consolo aos prisioneiros, vítimas, veteranos e aos oprimidos. Todos nós que estamos em Cristo podemos aprender a morrer para os nossos próprios interesses egoístas, para que a vida poderosa e o amor de Deus possam fluir através de nós. Este não é um caminho fácil. Não é uma questão de cumprir o que é natural. É uma questão de cumprir o que é sobrenatural, ao escolhermos nos unir ao Cristo ressurreto em Seu amor pelos outros.

Em curto prazo, esta abordagem de consolo pode envolver desconforto. Morrer para os pensamentos egoístas de autopreocupação será doloroso. Esforços pessoais para praticar a oração intercessória, disciplina em manter a comunicação e em visitar os solitários envolve um processo difícil e cheio de dor. Ainda assim, até estarmos dispostos a nos expor ao risco e desconforto de sofrer com Cristo, jamais conheceremos a plenitude do Seu consolo. Mais importante, até experimentarmos o amor tranquilizador de Deus, não seremos capazes de transmitir esse encorajamento aos outros, como Paulo fez. Na verdade, quanto mais compartilharmos o amor e o consolo de Deus, mais experimentaremos o amor e o consolo divino em nossas próprias vidas.

Tendo dito isto, temos que ser cuidadosos para não sobrecarregarmos as pessoas erradas. Há momentos em que a dor é tão intensa que precisamos deixá-la percorrer o seu curso naturalmente. "Tempos de tristeza" fazem parte do plano de Deus. Quando Ele nos leva a cair de joelhos na fraqueza, temos que aceitar a fase de tristeza como parte da Sua obra em nossa vida. Falaremos mais sobre isso adiante.

Acabamos de ver o que é necessário para aqueles, dentre nós, inclinados a permitir que a autocomiseração e a autopreocupação piorem a situação. Precisamos compreender que o consolo não deve ser visto como um fim em si mesmo. Ele deve ser visto como: (1) uma das consequências do sofrimento com Cristo e como (2) uma preparação para nos capacitar a consolar e encorajar outras pessoas que sofrem.

Na fraqueza que ajuda (2 Coríntios 1:8-11)

Já vimos que Paulo iniciou esta carta com o consolo em sua mente. Ressaltamos que ele não via o seu consolo como algo apenas para si mesmo. Ele descobriu que o conforto e a paz de Deus que experimentou, o ajudaram a levar os seus leitores a esse mesmo lugar de consolação espiritual (2 Coríntios1:6-7).

Agora vejamos o que mais o Espírito Santo usou para dar a Paulo essa consciência do "Deus de toda consolação."

A passagem a seguir acrescenta uma perspectiva adicional àquilo que Paulo já havia dito sobre a obra consoladora de Deus. Ela revela um consolo que só é encontrado quando aprendemos a confiar em Deus, ao invés de confiarmos em nós mesmos.

> *Porque não queremos, irmãos, que ignoreis a natureza da tribulação que nos sobreveio na Ásia, porquanto foi acima das nossas forças, a ponto de desesperarmos até da própria vida. Contudo, já em nós mesmos, tivemos a sentença de morte, para que não confiemos em nós, e sim no Deus que ressuscita os mortos; o qual nos livrou e livrará de tão grande morte; em quem temos esperado que ainda continuará a livrar-nos (2 Coríntios 1:8-10).*

Vemos aqui que Paulo encontrou consolo somente após atingir o seu limite. Através de pensamentos e sentimentos de fraqueza e desespero, ele foi levado por Deus a uma esperança confortante que jamais teria experimentado simplesmente através de momentos tranquilos. Foi no desamparo que Paulo aprendeu a confiar no

Senhor e ser encorajado pela capacidade que Deus tinha de resgatá-lo da sombra da morte (v.9).

Paulo aprendeu o que nenhum servo ou amigo de Cristo pode ignorar. Descobriu que as riquezas do consolo divino não são encontradas na autossuficiência, que é um subproduto natural de tempos de tranquilidade. Descobriu que somente quando atingimos nosso limite, estamos em condições de ver mais de Deus do que já vimos.

Como Jó, o patriarca do Antigo Testamento (Jó 1), Paulo aprendeu que os problemas não sobrevêm apenas aos ímpios. Descobriu por experiência própria que as forças de alguém que ama a Deus também podem se esgotar. Um fiel seguidor de Cristo pode enfrentar sofrimento físico quase insuportável (2 Coríntios 1:8-9; 4:8-10; 6:4-10; 11:22-33), profunda angústia da alma (2 Coríntios 2:4); e falta de paz pessoal (2 Coríntios 2:13) antes de conscientizar-se, que Deus pode consolar completa e maravilhosamente (2 Coríntios 1:3).

Paulo descobriu que somente quando atingimos nosso limite, estamos em condições de ver mais de Deus do que já vimos.

A história de Paulo é importante porque mostra os altos e baixos pelos quais ele passou como fiel seguidor de Cristo. Ele não andou por aí se sentindo como o capitão de uma supercorrida (2 Coríntios 4:7–5:4). Ele percebeu que a vida no Espírito não é vivida constantemente nas montanhas de picos emocionais.

Portanto, escreveu: "...não queremos, irmãos, que ignoreis a natureza da tribulação que nos sobreveio" (2 Coríntios 1:8). Assim como não há vencedor sem disputa, vitorioso sem guerra, salário sem trabalho, Paulo sabia que para os seguidores de Cristo não existe a coroa do consolo sem a cruz do sofrimento.

Todavia por que isto é necessário? Como Paulo descobriu, as dificuldades criam um ambiente para o crescimento. Aprendeu que quando "em nós mesmos, tivemos a sentença de morte," é para que "não confiemos em nós, e sim no Deus que ressuscita os mortos" (2 Coríntios 1:9).

O treinador sábio diz ao seu time, à medida que estão se desgastando fisicamente e perdendo o ânimo: "sem dor, não há vitória". Nosso sábio Senhor quer que saibamos algo parecido: sem algo para expor nossas fraquezas ficaríamos confusos. Acharíamos que somos espertos, fortes ou competentes em, ou, por nós mesmos. Sem as circunstâncias que revelem a nossa própria necessidade do Senhor, seríamos direcionados para uma vida cheia de nós mesmos, ao invés de uma vida plena nele.

Os tempos difíceis revelam que precisamos de Deus de uma forma que os tempos de tranquilidade não o mostram. Essa é uma das razões pelas quais o Senhor não exime qualquer pessoa, da evidência de que estamos vivendo num mundo amaldiçoado pelo pecado. Para descobrir com profundidade o quanto precisamos da ajuda divina, existem momentos em que precisamos permitir que as dificuldades transcorram o seu próprio curso. Ao invés de tentar resistir e negar o que está além da nossa capacidade de controlar, precisamos aceitar a dor, a fraqueza e até mesmo o desespero como se fossem dias de inverno no crescimento espiritual do cristão. Não precisamos nos sentir culpados porque experimentamos fortes sentimentos de fraqueza, tolice e incompetência. Ao invés de nos sentirmos fracassados espiritualmente, incapazes de fazer o que precisa ser feito pelos outros, precisamos deixar que as dificuldades cumpram o seu doloroso trabalho de nos aproximar de Deus.

Para os seguidores de Cristo não existe a coroa do consolo sem a cruz do sofrimento.

Que não sejamos iludidos a respeito do conforto divino. Como no caso de Paulo, ele pode ser precedido por experiências devastadoramente difíceis. Nosso consolo finalmente chega quando colocamos nossas fraquezas a serviço de Deus e no Seu tempo. Para aquele que permite que os seus problemas o levem à dependência de Deus, o consolo está a caminho! Não precisamos vê-lo para saber que o conforto está chegando.

ESTUDO N.º 2

Onde podemos encontrar conforto?

(Parte 1)

2 Coríntios 1:4 — "[Deus] nos conforta em toda a nossa tribulação, para podermos consolar os que estiverem em qualquer angústia, com a consolação com que nós mesmos somos contemplados por Deus."

Objetivo:

Analisar duas fontes que Deus proveu para nosso consolo espiritual.

Para memorizar:

2 Coríntios 1:4

Leitura:

"No Deus que consola" e "Na fraqueza que ajuda" pp.13-17.

Quebra-gelo

Quando os treinadores esportivos dizem que "sem dor, não há vitória" estão falando sobre o condicionamento físico. Como o condicionamento espiritual nos prepara para o ministério de consolação?

Reflexão

Na p.13,14 lemos: "Como Cristo, Paulo colocou seu próprio bem-estar temporário em compasso de espera para resgatar aqueles que precisavam de ajuda." Qual é a sua reação diante disso? Medo? Entusiasmo? Por quê?

Por que você concordaria ou discordaria da premissa do autor de que "as dificuldades criam um ambiente para o crescimento?" (p.16). Que crescimento é este?

Pense sobre a citação na p.17: "para os seguidores de Cristo não existe a coroa do consolo sem a cruz do sofrimento". O que significa isso? Por que a cruz tem que ser uma pré-condição para o consolo?

Aprofundamento

Texto-chave: 2 Coríntios 1:8-10

Como Paulo descreve as suas dificuldades no versículo 8? Como descreve o impacto que essas dificuldades tiveram sobre a sua visão da vida?

Como Paulo aceita as batalhas que enfrentou? (veja v.9). O que essas batalhas supostamente deviam ensiná-lo?

No versículo 10, Paulo descreve o trabalho de resgate de Deus como passado, presente e futuro. Por que faz isso?

Um passo adiante

Falar sobre

Em Colossenses 1:24, Paulo fala sobre "o que resta das aflições de Cristo" Faltava alguma coisa nas aflições de Cristo? O que Paulo quer dizer? (pp.13-14).

Refletir

Quando precisamos de conforto espiritual, podemos nos voltar para o consolo divino para evitar a autocomiseração e desespero. Como o consolo de Deus pode nos ajudar em momentos como esses?

O autor diz que: "quanto mais compartilharmos o amor e o consolo de Deus, mais experimentaremos o amor e o consolo divino em nossas próprias vidas" (p.14). Compartilhe sobre uma ocasião na qual você experimentou esta verdade.

Porque não queremos, irmãos, que ignoreis a natureza da tribulação que nos sobreveio na Ásia, porquanto foi acima das nossas forças, a ponto de desesperarmos até da própria vida. Contudo, já em nós mesmos, tivemos a sentença de morte, para que não confiemos em nós, e sim no Deus que ressuscita os mortos; o qual nos livrou e livrará de tão grande morte; em quem temos esperado que ainda continuará a livrar-nos.
2 Coríntios 1:8-10

ONDE PODEMOS ENCONTRAR CONFORTO? (PARTE 2)

Na consciência que reafirma
(2 Coríntios 1:12-14)

O que foi dito até aqui sobre conforto é verdade — mas não é a história completa. A consolação não é encontrada somente no amor de Deus. Nem é apenas colocando nossas fraquezas a nosso favor. Também a encontramos na reafirmação de uma consciência limpa.

Uma consciência limpa e o conforto, auxílio e encorajamento do Espírito Santo caminham de mãos dadas. O Espírito não trará aos nossos corações a paz que reafirma a presença de Deus se estivermos violando a nossa consciência. Além da Palavra de Deus escrita, temos a nossa consciência, que embora seja imperfeita, funciona como um indicador interno que nos mostra se estamos alinhados com o Espírito de Deus. Observe a confiança que Paulo encontrou ao reconhecer que o seu próprio coração não o condenava:

> *Porque a nossa glória é esta: o testemunho da nossa consciência, de que, com santidade e sinceridade de Deus, não com sabedoria humana, mas, na graça divina, temos vivido no mundo e mais especialmente para convosco (2 Coríntios 1:12).*

Como um apóstolo de Cristo, Paulo poderia ter usado a sua autoridade espiritual como uma oportunidade para tirar proveito próprio. Ele poderia ter utilizado todos os contatos feitos com os coríntios, como uma chance de ver o que era bom para ele. Poderia adular a igreja com falsos elogios ou despejar sobre eles exigências legalistas, as quais colocariam o seu foco de atenção em Paulo, ao invés do céu. Ao contrário, Paulo encontrou paz de espírito sabendo que correu o risco de se importar o suficiente com eles para confrontá-los com os problemas, que estavam destruindo a saúde espiritual e arruinando a reputação deles na comunidade.

Paulo enfrentou diversas dessas questões em 1 Coríntios. A resposta a essa carta foi confusa. Alguns a aceitaram como uma mensagem divina e agiram de acordo (2 Coríntios 2:1-11). Outros, porém, reagiram acusando Paulo de intrometer-se em assuntos que não eram da sua conta. Eles o acusaram de tentar explorá-los, em benefício próprio.

Essas acusações feriram Paulo, mas a falsidade deles o feriu ainda mais. Paulo sabia que tinha sido honesto com eles. Mesmo quando atacaram a sua integridade acusando-o de não cumprir os planos de visitá-los, ele tinha um explicação, que era para o próprio bem deles (2 Coríntios 1:23-24). Segundo ele, a sua consciência estava limpa.

Com a certeza de sua consciência limpa, Paulo compartilhou a consolação expressa por Jó tantos anos antes. Ambos sofreram intensamente. Ambos tiveram que enfrentar acusações injustas. Ainda assim, os dois mantiveram a integridade. Ambos foram encorajados por saberem que estavam vivendo em favor dos outros (veja Jó 29-31).

Nada nos roubará mais o conforto e o auxílio do Consolador das nossas almas do que um sentimento de culpa não-resolvida. Se nossa consciência está atormentada, precisamos nos purificar. Sem desperdiçar nem mais um minuto, precisamos ir à cruz de Cristo. É lá que encontraremos aquele que sofreu por nós, suportando toda a aflição e a dor pelos nossos pecados.

Se você nunca fez isso antes, pode aceitar agora o sacrifício de Cristo que morreu em seu lugar. As Escrituras nos garantem que Deus perdoará todos aqueles que crerem em Seu Filho (veja Atos 13:38-39).

Se você já recebeu a Cristo como seu Salvador pessoal, confesse os seus pecados diretamente para Deus. Você pode declarar a promessa de 1 João 1:9: "Se confessarmos os nossos pecados, ele é fiel e justo para nos perdoar os pecados e nos purificar de toda injustiça."

Então, se possível, é importante confessar os seus erros àqueles que foram feridos por você. Não se preocupe em dar-lhes mais munição contra você. Permita que saibam que você confessou os seus pecados a Deus e que você admite a total responsabilidade por seus atos. Diga-lhes que você deseja ter uma consciência limpa — com Deus e com eles.

Se você mentiu, admita, se você prejudicou os outros por negligência, roubou, enganou ou difamou, busque o perdão das pessoas envolvidas. Se você abusou física ou emocionalmente de um membro da família, demonstre a essa pessoa profundo arrependimento e esteja preparado para dispor de tempo e tomar a atitude necessária para restaurar o relacionamento.

Não faça isso só porque você quer o perdão e a misericórdia da outra pessoa. Pode ser que isso não aconteça.Você deve admitir seus erros porque, esta é a maneira correta de agir diante de Deus. Encontre no próprio Deus não somente a força que pode ser achada em Seu perdão, mas também o consolo de uma consciência limpa.

Na tristeza que transforma

(2 Coríntios 2:4-11; 7:8-12)

Ninguém deseja a aflição. Ainda assim, quando ela chega, o preço é muito alto para desperdiçá-la. A tristeza precisa ser útil. Essa é uma verdade; quer estejamos lamentando a perda de um ente querido, a perda da saúde ou qualquer outro revés trágico. Se a força do lamento puder ser traduzida numa mudança positiva, poderá surgir o sentimento de que o sofrimento, ou a perda, não foi em vão.

Em nenhum momento isso é tão verdadeiro do que quando lamentamos o pecado. Nenhum tipo de pesar guarda uma promessa maior. Isto é verdade quer estejamos dilacerados pelo pecado que encontramos em nós mesmos ou em alguém que amamos. Jesus tinha em mente este sofrimento, quando declarou: "Bem-aventurados os que choram, porque serão consolados" (Mateus 5:4).

Paulo conhecia este tipo de angústia do coração e os resultados encorajadores que se seguiam (2 Coríntios 7:8-12). Ele percebeu que vale a pena lamentar sobre o pecado. Veja o sentimento que descreveu após confrontar o pecado nas vidas dos coríntios:

> *Porque, no meio de muitos sofrimentos e angústias de coração, vos escrevi, com muitas lágrimas, não para que ficásseis entristecidos, mas para que conhecêsseis o amor que vos consagro em grande medida (2 Coríntios 2:4).*

Precisamos destacar também o encorajamento e consolo que o apóstolo pediu, quando se tornou evidente que o homem que havia sido confrontado e expulso da igreja (1 Coríntios 5:1-13) tinha se arrependido do seu pecado. Considerando a transformação na mente daquele pecador, o consolo de Paulo refletiu o desejo de Deus.

Ele deixou claro que uma vez que a pessoa arrependeu-se dos seus pecados, os companheiros cristãos devem estender-lhe consolo.

> *Basta-lhe a punição pela maioria. De modo que deveis, pelo contrário, perdoar-lhe e confortá-lo, para que não seja o mesmo consumido por excessiva tristeza. Pelo que vos rogo que confirmeis para com ele o vosso amor (2 Coríntios 2:6-8).*

Paulo enfatizou aqui a importância de providenciar um sistema de apoio espiritual à pessoa que respondeu à correção. Ele deixou claro que uma vez que a pessoa arrependeu-se dos seus pecados, os companheiros cristãos devem estender-lhe consolo. Eles devem refletir o desejo do Deus de toda a consolação, o Deus que nos lembra que "o amor cobre multidão de pecados" (1 Pedro 4:8).

Paulo prosseguiu para mostrar nos versículos 10 e 11 que precisamos estar conscientes de que uma das táticas de Satanás é acalentar a grande capacidade de destruição que pode advir da tristeza. Advertiu-nos que uma falha da nossa parte em cultivar um espírito perdoador, consolador e restaurador nos deixa completamente expostos, para que Satanás tenha brechas em nossas vidas.

Após a correção da igreja ter atingido o seu objetivo, o pecador precisa ser acompanhado por um derramamento de amor restaurador. Uma atitude corretiva deve ser seguida pelo encorajamento dado a todos os envolvidos — tanto aqueles que confrontaram o pecado, quanto àqueles que aceitaram a correção:

> *Porquanto, ainda que vos tenha contristado com a carta, não me arrependo; embora já me tenha arrependido (vejo que aquela carta vos contristou por breve tempo), agora, me alegro não porque fostes contristados, mas porque fostes contristados para arrependimento; pois fostes contristados segundo Deus, para que, de nossa parte, nenhum dano sofrêsseis. Porque a tristeza segundo Deus produz arrependimento para a salvação, que a ninguém traz pesar; mas a tristeza do mundo produz morte (2 Coríntios 7:8-10).*

Esta é a tristeza que conduz à vida, ao invés de conduzir ao pesar e morte — é de longe o mais significativo tipo de revés. Esta é a tristeza que não é desperdiçada.

Apenas lembre-se que Deus não oferece conforto àqueles que lamentam somente porque foram apanhados no erro. Tampouco, Ele conforta pelo Seu Espírito Santo aqueles que estão sofrendo sob o peso da própria tolice, sem que a sua mente ou coração passem por qualquer transformação. O Deus de toda consolação envia o Seu Espírito e o Seu povo para consolar, encorajar e apoiar aqueles que experimentaram o tipo de tristeza que transforma os corações.

ESTUDO N.º 3

Onde podemos encontrar conforto? (Parte 2)

2 Coríntios 7:10 — "Porque a tristeza segundo Deus produz arrependimento para a salvação, que a ninguém traz pesar; mas a tristeza do mundo produz morte."

Objetivo:

Analisar duas outras fontes que Deus proveu para nosso consolo espiritual.

Para memorizar:

2 Coríntios 7:10

Leitura:

"Na consciência que reafirma" e "Na tristeza que transforma" pp.21-25.

Quebra-gelo

Descreva uma situação na qual a sua consciência lutou com o impacto de suas atitudes do passado. Como você resolveu os problemas de consciência que enfrentou?

Reflexão

Na p.21 lemos: "Uma consciência limpa e o conforto, auxílio e encorajamento do Espírito Santo caminham de mãos dadas." Como a falta de uma consciência limpa poderia interferir no consolo do Espírito Santo?

"A tristeza precisa ser útil" (veja p.23). Como a tristeza pode ser algo positivo e como pode tornar-se útil?

Nas páginas 23 a 25 lemos sobre o processo através do qual a igreja corrige aqueles que feriram o próximo. Qual é esse processo e o resultado esperado?

Aprofundamento

Texto-chave: 2 Coríntios 2:4-8

No versículo 4, Paulo descreveu seu estado emocional enquanto escrevia aos coríntios. Qual era esse estado emocional e que impacto causaria sobre eles?

No processo de correção (vv.5-8) é possível cair na armadilha dos extremos. Como Paulo os advertiu para se preservarem contra estes extremos?

Anteriormente, vimos como a tristeza pode ser algo positivo. Vemos no versículo 7 como ela pode ser destrutiva. O que faz a diferença?

Um passo adiante

Falar sobre

Em 2 Coríntios 7:9-10, Paulo contrasta dois tipos de tristeza — a tristeza segundo Deus e a tristeza do mundo. Qual a diferença entre elas? Qual tristeza é benéfica para o nosso consolo espiritual? Por quê?

Refletir

Alguma vez você já se sentiu culpado por algo que disse ou fez a alguém? Por que isso lhe incomodou? Você achou difícil ir até essa pessoa e admitir seu erro? Por que é arriscado admitir a culpa?

Invista alguns momentos respondendo a pergunta: "Por que é importante uma consciência limpa?" O que você está disposto a fazer para manter a consciência limpa?

Porque, no meio de muitos sofrimentos e angústias de coração, vos escrevi, com muitas lágrimas, não para que ficásseis entristecidos, mas para que conhecêsseis o amor que vos consagro em grande medida. Ora, se alguém causou tristeza, não o fez apenas a mim, mas, para que eu não seja demasiadamente áspero, digo que em parte a todos vós; basta-lhe a punição pela maioria. De modo que deveis, pelo contrário, perdoar-lhe e confortá-lo, para que não seja o mesmo consumido por excessiva tristeza. Pelo que vos rogo que confirmeis para com ele o vosso amor.

2 Coríntios 2:4-8

Agora, me alegro não porque fostes contristados, mas porque fostes contristados para arrependimento; pois fostes contristados segundo Deus, para que, de nossa parte, nenhum dano sofrêsseis. Porque a tristeza segundo Deus produz arrependimento para a salvação, que a ninguém traz pesar; mas a tristeza do mundo produz morte.

2 Coríntios 7:9-10

ONDE PODEMOS ENCONTRAR CONFORTO? (PARTE 3)

No Espírito que capacita

(2 Coríntios 3:1-6; 3:17–4:1)

Lembre-se que estamos tentando compreender os fatores que capacitaram o apóstolo Paulo a encontrar consolo em meio às enormes dificuldades. Por que ele não se desfez sob o peso dos seus problemas? Por que não reagiu às críticas dos coríntios dizendo algo do tipo: "Esqueça este povo! Será que acham que estou fazendo isso pela minha saúde? Não preciso disso. Se acham que podem morder a mão que os alimenta e escapar, estão se preparando para um rude despertar. Armaram sua cama. Agora deixe que deitem nela."

Ou por que Paulo não disse: "Oh, para que isso! Veja o que recebo pelo meu trabalho duro e abnegação. Não suporto mais isso. Mereço mais respeito do que estão me dando. Não posso mais continuar neste negócio de ajudar as pessoas. Se continuar, vou ficar completamente esgotado. Se ficar aqui mais um dia perderei todo meu amor-próprio. Mereço mais que isso!"

Por que a reação de Paulo foi diferente? Veja o que ele escreveu:

> *Pelo que, tendo este ministério, segundo a misericórdia que nos foi feita, não desfalecemos (2 Coríntios 4:1).*

Qual era o ministério que permitiu o não desfalecimento de Paulo em meio aos seus problemas? O capítulo anterior nos diz o que ele estava pensando:

> *Não que, por nós mesmos, sejamos capazes de pensar alguma coisa, como se partisse de nós; pelo contrário, a nossa suficiência vem de Deus, o qual*

nos habilitou para sermos ministros de uma nova aliança, não da letra, mas do espírito; porque a letra mata, mas o espírito vivifica. [...] Ora, o Senhor é o Espírito; e, onde está o Espírito do Senhor, aí há liberdade. E todos nós, com o rosto desvendado, contemplando, como por espelho, a glória do Senhor, somos transformados, de glória em glória, na sua própria imagem, como pelo Senhor, o Espírito. Pelo que, tendo este ministério, segundo a misericórdia que nos foi feita, não desfalecemos (2 Coríntios 3:5-6,17–4:1).

O capítulo 3 dá o suporte para a confiança de Paulo. Ele oferecia ao mundo mais do que regras e regulamentos. De alguma forma misteriosa, mas verdadeira, o apóstolo oferecia ao mundo uma "nova aliança [...] do Espírito" (2 Coríntios 3:6). Queria que os coríntios percebessem que a sua confiança não estava apenas na Palavra escrita, mas também na presença persuasiva, encorajadora, auxiliadora e consoladora do Espírito do Senhor.

Ao dizer isto, o apóstolo Paulo não estava demonstrando qualquer desrespeito pela Palavra de Deus. Ele a amava, e a escreveu, e a ensinou. Arriscou sua vida para transmiti-la. No entanto, a sua verdadeira esperança e encorajamento não eram simples palavras. A sua força e suficiência eram consequências da ação do Espírito de Deus, que transforma vidas.

Muitas vezes não vemos que as palavras e leis de Deus não devem ser um fim em si, mas um meio para atingir um fim. Estão lá para nos ajudar a nos aproximarmos do Espírito de Deus. As instruções nos revelam nossa necessidade de Cristo. As palavras nos revelam a mente de Cristo. Porém se não confiarmos na suficiência do Espírito de Cristo, sentiremos o esgotamento — como muitas vezes acontece com aqueles que são cuidadores de outras pessoas.

Paulo deveria ser um encorajamento para nós. Em todos os seus problemas o apóstolo manteve o seu ânimo porque sabia que estava trabalhando com o Espírito, que poderia capacitá-lo para qualquer tarefa.

Você precisa de consolo hoje? Então ore em cooperação com o Espírito do Senhor. Leia a Palavra de modo a ajudá-lo a experimentar uma nova dependência do Espírito. Descubra por si mesmo, como Paulo cheio de problemas podia dizer: "Pelo que [...] não desfalecemos."

Na fé que enxerga (2 Coríntios 4:7–5:12)

A segunda epístola de Paulo aos coríntios também mostra o papel que a fé desempenhou para capacitá-lo a louvar o "Deus de toda consolação." Se Paulo não tivesse aprendido a confiar nos olhos de Deus, ao invés dos seus, não teria suportado as ondas de dor e sofrimento que regularmente invadiam sua vida. Se ele tivesse decidido acreditar apenas no que conseguia enxergar com os olhos da carne, sua vida teria sido cheia de desespero. Por essa razão, escreveu:

> *Tendo, porém, o mesmo espírito da fé, como está escrito: Eu cri; por isso, é que falei. Também nós cremos; por isso, também falamos, sabendo que aquele que ressuscitou o Senhor Jesus também nos ressuscitará com Jesus e nos apresentará convosco. Porque todas as coisas existem por amor de vós, para que a graça, multiplicando-se, torne abundantes as ações de graças por meio de muitos, para glória de Deus. Por isso, não desanimamos; pelo contrário, mesmo que o nosso homem exterior se corrompa, contudo, o nosso homem interior se renova de dia em dia. Porque a nossa leve e momentânea tribulação produz para nós eterno peso de glória, acima de toda comparação, não atentando nós nas coisas que se veem, mas nas que se não veem; porque as que se veem são temporais, e as que se não veem são eternas (2 Coríntios 4:13-18).*

Esta ênfase na fé que produz o consolo, não significa que o Senhor quer que joguemos fora o nosso bom senso e razão. Muito pelo contrário, Ele quer que admitamos que é melhor confiar em Deus que ressuscitou Cristo dos mortos, do que confiar na aparência das circunstâncias sob constantes mudanças.

Quando algo está além do nosso campo de visão, contamos com a palavra da família, amigos ou colegas de trabalho que nos relatam o que viram. Precisamos, porém, confiar em Deus para aquilo que somente Ele pode ver. À medida que o fizermos nos uniremos a Paulo, para encontrar motivos para "não desfalecermos". Independentemente do que nossos sentimentos e circunstâncias nos dizem, podemos crer que...

- o problema é tão passageiro quanto Deus diz que é;
- servir ao próximo é tão digno quanto Deus diz que é;
- somos tão imortais quanto Deus diz que somos;
- nosso derradeiro futuro é tão brilhante quanto Deus diz que é.

Paulo manteve sua fé nas situações mais conflitantes, desanimadoras e duvidosas (2 Coríntios 4:8-10). Essa fé vivificada pelo Espírito de Deus o capacitou a ser o servo invencível, que desafiava a morte. Não apenas fortaleceu seu coração, mas o capacitou a compartilhar o espírito renovador de gratidão (2 Coríntios 4:15).

Paulo manteve sua fé nas situações mais conflitantes, desanimadoras e duvidosas

ESTUDO N.º 4

Onde podemos encontrar conforto? (Parte 3)

2 Coríntios 3:5 — "Não que, por nós mesmos, sejamos capazes de pensar alguma coisa, como se partisse de nós; pelo contrário, a nossa suficiência vem de Deus."

Objetivo:

Analisar duas outras fontes que Deus proveu para nosso consolo espiritual.

Para memorizar:

2 Coríntios 3:5

Leitura:

"No Espírito que capacita" e "Na fé que enxerga" pp.28-31.

Quebra-gelo

Como você definiria *fé* para um não-cristão? Como ela se diferencia da esperança ou dos votos de boa sorte?

Reflexão

Na p.29 lemos sobre a confiança de Paulo. Qual era o alicerce dessa confiança? Quais eram seus dois alicerces fundamentais?

"Muitas vezes não vemos que as palavras e leis de Deus não devem ser um fim em si" (ver p.29). O que isto significa? Por que é importante a maneira como vemos as Escrituras?

O autor defende que Paulo era consolado porque tinha "aprendido a confiar nos olhos de Deus, ao invés dos seus" (ver p.30). O que significa "confiar nos olhos de Deus?" Por que esta confiança deve ser aprendida?

Aprofundamento

Texto-chave: 2 Coríntios 3:17–4:1

O que Paulo diz (v.18) sobre o agir do Espírito do Senhor em nossas vidas? Do ponto de vista prático, o que isto significa?

Qual era o véu sobre as nossas faces que nos impedia de enxergar claramente? (v.18, veja também vv.15-16). O que Paulo queria que víssemos com clareza?

De acordo com Paulo, o que o mantinha firme para que não desfalecesse em tempos difíceis? (2 Coríntios 4:1). Como você acha que isso funciona?

Ora, o Senhor é o Espírito; e, onde está o Espírito do Senhor, aí há liberdade. E todos nós, com o rosto desvendado, contemplando, como por espelho, a glória do Senhor, somos transformados, de glória em glória, na sua própria imagem, como pelo Senhor, o Espírito. Pelo que, tendo este ministério, segundo a misericórdia que nos foi feita, não desfalecemos.
2 Coríntios 3:17–4:1

Um passo adiante
Falar sobre
Em 2 Coríntios 3:5 somos lembrados da nossa fragilidade e consequente dependência de Deus. Como Paulo descreve essa fragilidade e qual deve ser nossa resposta a ela?

Refletir
Recorde-se de um versículo ou passagem bíblica que tornou-se real para você em um momento de dor ou tristeza. Como você o encontrou? Como a Palavra de Deus o confortou?

Pense em alguém que você conhece e que precisa do conforto da Palavra de Deus. Que versículo ou passagem bíblica você lhe daria? Por que particularmente este? Envie um bilhete de encorajamento que contenha o versículo e explique o seu significado.

Na Pessoa que se importa

(2 Coríntios 7:4-10)

Torna-se claro em 2 Coríntios que Deus, com frequência, conforta através de pessoas que consolam. Do exemplo prático de Paulo podemos ver que o auxílio e a consolação do Espírito Santo vêm, muitas vezes, através de irmãos em Cristo. Eles caminham conosco e se tornam o veículo de conforto que o Espírito de Deus usa. As Escrituras provam que isso é verdade diversas vezes, à medida que somos chamados a consolar e encorajar uns aos outros. Neste aspecto, o papel do Consolador é cumprido através da ação de um filho de Deus que caminha ao lado de uma pessoa ferida (2 Tessalonicenses 2:16-17; Hebreus 3:13).

Esta dimensão do conforto do Espírito é sobrenatural. Aqueles que se comprometem a encorajar outros, muitas vezes sentirão que não consolam com suas próprias forças. Com frequência, sentirão que Deus está consolando outros, através deles.

É exatamente isto o que vemos na carta de Paulo aos coríntios. Ele escreveu:

> *Mui grande é a minha franqueza para convosco, e muito me glorio por vossa causa; sinto-me grandemente confortado e transbordante de júbilo em toda a nossa tribulação. Porque, chegando nós à Macedônia, nenhum alívio tivemos; pelo contrário, em tudo fomos atribulados: lutas por fora, temores por dentro. Porém Deus, que conforta os abatidos, nos consolou com a chegada de Tito; e não somente com a sua chegada, mas também pelo conforto que recebeu de vós, referindo-nos a vossa saudade, o vosso pranto, o vosso zelo por mim, aumentando, assim, meu regozijo (2 Coríntios 7:4-7).*

Note que apesar da estatura espiritual de Paulo, ele se colocou na categoria dos "abatidos." Admitiu como fez anteriormente em 2 Coríntios 2:13, que houve momentos em que não encontrou tranquilidade de espírito, e admitiu estar temeroso.

Paulo, apesar de todas as suas conquistas espirituais, não era um homem de aço. Os relatos demonstram exatamente o contrário. Ele era grande, não devido à sua própria força, mas porque em todas as suas fraquezas pessoais, intranquilidade e medo, era usado por um Deus de grande poder e propósito.

Acima de tudo, vemos que Paulo não era um pilar solitário de granito — independente, desassistido, e sem um companheiro no insólito cenário da igreja do Novo Testamento. Ele não era alguém que tinha somente algo para dar e nada para receber.

Paulo não se posicionou como se fosse, o homem de ferro de Deus, que não precisava de outras pessoas e de qualquer provisão além de Deus e somente Deus. Repetidas vezes, este servo de Cristo apresentou-se como alguém tão dependente do encorajamento dos outros, como outros dele dependiam (veja 2 Coríntios 2:12).

Porém, isto diminuía a suficiência de Deus? Não, porque Paulo esclareceu que era Deus que "conforta os abatidos, nos consolou com a chegada de Tito; e não somente com a sua chegada, mas também pelo conforto que recebeu de vós" (vv.6-7).

Em outras palavras, aqueles que se afastam das pessoas, porque temem ser feridos no processo, podem estar se afastando do "Deus de toda consolação". Ao nos isolarmos do amor dos outros, nos isolamos de Deus; que deseja em Seu tempo consolar-nos através de outras pessoas.

O isolamento pode ser muito difícil para alguém ferido profundamente por outras pessoas. Tudo no interior pode gritar: "Nunca mais!" "Esqueça as pessoas, tenho meu cachorro!" Isso é compreensível. Entretanto não é a maneira de Deus. Via de regra, nosso Senhor não consola aqueles que se importam mais com plantas, animais de estimação, trabalho ou livros, do que com as pessoas. Tampouco, via de regra, Ele conforta aqueles que tentam agir como cristãos solitários. Nosso Senhor tem um maneira especial de agir — Ele usa pessoas, para consolar pessoas, que consolam pessoas.

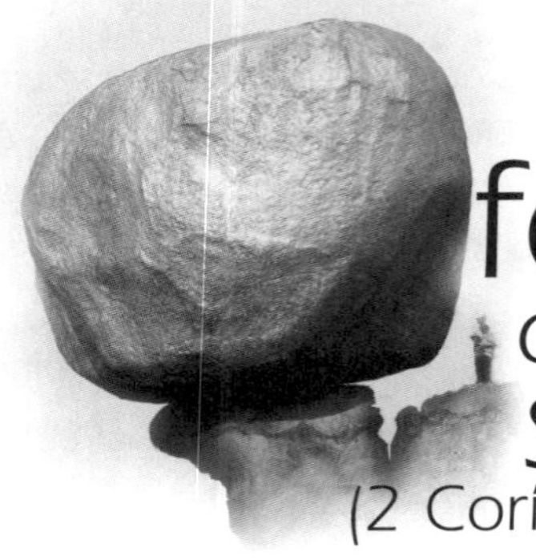

Na força que sustenta (2 Coríntios 12:7-10)

Chegamos a outro princípio sobre o consolo que pode ser a mais encorajadora verdade de todas. Qual é esta verdade? Não de que os problemas devem vir, pois esta é uma verdade que já conhecemos, sem muita consolação. Tampouco, há muito consolo em aprender que o conforto divino é encontrado por aqueles que se unem de coração com Deus, em Seu amor pelas pessoas. Embora isto seja verdadeiro, é uma verdade que sempre deixaria a maioria de nós, com um terrível sentimento de inadequação. Ideais elevados nos levam a este sentimento. Ideais elevados podem fazer mais do que nos inspirar. Podem também nos mostrar o quanto estamos nos afastando de onde deveríamos estar. E quem não se sente detestavelmente egoísta e egocêntrico ao comparar o amor que Deus demonstrou por nós!

A experiência de Paulo nos revela que Deus é capaz de prover uma fonte de força interior e auxílio suficiente para nos sustentar em nosso sofrimento. Todavia, essa não é a verdade mais importante. Qual é? Que Deus nos estende uma ajuda, suficiente e imerecida! O consolo divino é suficiente e não precisamos nos sentir merecedores dele.

Graça é "o favor imerecido e auxílio divino". É a ajuda imerecida recebida por aqueles que foram suficientemente quebrantados para abrirem seus corações diante de Deus. Este é o auxílio imerecido no qual Paulo encontrou tanto consolo.

> *E, para que não me ensoberbecesse com a grandeza das revelações, foi-me posto um espinho na carne, mensageiro de Satanás, para me esbofetear, a fim de que não me exalte. Por causa disto, três vezes pedi ao Senhor que o*

afastasse de mim. Então, ele me disse: A minha graça te basta, porque o poder se aperfeiçoa na fraqueza. De boa vontade, pois, mais me gloriarei nas fraquezas, para que sobre mim repouse o poder de Cristo (2 Coríntios 12:7-9).

Em outras palavras, o Senhor sabe do que somos feitos — mesmo se nós não o soubermos. Qual o efeito que isto teve sobre Paulo? Bem, se ele ficou temporariamente devastado ou não, não sabemos, porém reagiu de acordo. Paulo saiu reafirmando que a graça de Deus, que ele não merecia, era o consolo que precisava.

A mensagem deveria estar clara para nós. Busque ao Senhor nos Seus termos. Almeje unir-se a Ele no amor ao próximo. Aprenda a ver a vida como Deus quer que você a veja. Contudo, mesmo que você tenha feito tudo isso, não espere qualquer mérito ao longo do caminho. Toda a consolação que podemos esperar é o consolo que não merecemos. Ainda assim, louvado seja o Senhor, o consolo que não merecemos é o mesmo que o Senhor se alegra em dar àqueles que estão quebrantados e humilhados diante dele.

O consolo que não merecemos é o mesmo que o Senhor se alegra em dar àqueles que estão quebrantados e humilhados diante dele.

ESTUDO N.º 5

Onde podemos encontrar conforto?

(Parte 4)

2 Coríntios 4:16 — "Por isso, não desanimamos; pelo contrário, mesmo que o nosso homem exterior se corrompa, contudo, o nosso homem interior se renova de dia em dia."

Objetivo:

Analisar as duas últimas fontes que Deus proveu para nosso consolo espiritual.

Para memorizar:

2 Coríntios 4:16

Leitura:

"Na pessoa que se importa" e "Na força que sustenta" pp.34-37.

Quebra-gelo

Quais os tipos de acontecimentos que nos dão oportunidade de oferecer consolo aos outros? Como as tragédias podem abrir caminho para o ministério?

Reflexão

Na p.34 lemos: "Aqueles que se comprometem a encorajar os outros, muitas vezes sentirão que não consolam com suas próprias forças." Como isto funciona? Qual é o apoio que aquele que cuida tem em seu ministério de consolação?

Explique qual é o significado disto: "Nosso Senhor tem uma maneira especial de agir — Ele usa pessoas, para consolar pessoas, que consolam pessoas" (p.35). Como conciliar a suficiência de Deus com a necessidade que temos uns dos outros?

O autor afirma que Deus é aquele que provê a força interior que nos sustenta em nosso tempo de necessidade, porém, esta não é a verdade mais importante (p.36). Então o que é mais importante que isso?

Aprofundamento

Texto-chave: 2 Coríntios 12:7-10

Por que foi dado a Paulo "um espinho na carne"? O que você acha que era? Por que você acha que Paulo olhava para isso como uma dádiva? (v.7)

Paulo buscou a libertação de Deus para o seu sofrimento, todavia isso lhe foi negado. Por quê? Como podemos ter força em meio à fraqueza?

Qual foi a resposta de Paulo ao espinho na carne? (v.10). O que podemos aprender de sua experiência, em nossas próprias batalhas e dores?

Um passo adiante

Falar sobre

No versículo para memorizar desta lição (2 Coríntios 4:16), Paulo contrasta o homem exterior com o interior. O que significa "homem exterior" e "homem interior"? Como o homem interior é renovado?

Refletir

Você acha inconveniente, problemático, custoso ou doloroso oferecer encorajamento e consolo a alguém? Por quê? Quais são alguns dos custos ou dores, com os quais você poderia ter que arcar, para consolar os outros?

Faça uma lista de pessoas que recentemente demonstraram amor e cuidado por você. Agradeça a Deus em oração por cada uma delas, depois entregue-lhes um bilhete de agradecimento pelo encorajamento que lhe deram.

E, para que não me ensoberbecesse com a grandeza das revelações, foi-me posto um espinho na carne, mensageiro de Satanás, para me esbofetear, a fim de que não me exalte. Por causa disto, três vezes pedi ao Senhor que o afastasse de mim. Então, ele me disse: A minha graça te basta, porque o poder se aperfeiçoa na fraqueza. De boa vontade, pois, mais me gloriarei nas fraquezas, para que sobre mim repouse o poder de Cristo. Pelo que sinto prazer nas fraquezas, nas injúrias, nas necessidades, nas perseguições, nas angústias, por amor de Cristo. Porque, quando sou fraco, então, é que sou forte.

2 Coríntios 12:7-10

CONCLUSÃO

Um lugar para começar

Analisamos as condições sob as quais o Espírito Santo de Deus caminha ao nosso lado para consolar, fortalecer e reafirmar. Vimos que Ele está conosco não para reforçar o nosso próprio jeito, mas para nos confortar e fortalecer à maneira de Deus.

Mais importante, a consolação do Espírito Santo não começa com as mentes direcionadas ao próprio Espírito de Deus. A força interior vem, à medida que convergimos a nossa atenção ao Senhor Jesus Cristo. O consolo vem, quando ouvimos aquele que enviou o Espírito — aquele que diz:

> *Não se turbe o vosso coração; credes em Deus, crede também em mim. Na casa de meu Pai há muitas moradas. Se assim não fora, eu vo-lo teria dito. Pois vou preparar-vos lugar. E, quando eu for e vos preparar lugar, voltarei e vos receberei para mim mesmo, para que, onde eu estou, estejais vós também. E vós sabeis o caminho para onde eu vou [...] Eu sou o caminho, e a verdade, e a vida; ninguém vem ao Pai senão por mim (João 14:1-4,6).*

O primeiro passo é dizer-lhe sim. Você fez isso? Você reconhece seu próprio pecado e desmerecimento para aproximar-se do Pai por seus próprios méritos? Se não tiver certeza, leia Romanos 3:1-23. E depois, consciente da sua própria falência espiritual, coloque-se à mercê de Cristo. Confie nele para ser o Salvador dos seus pecados. Confie nele para ser o único que irá levá-lo ao Pai e ao consolo que somente Ele pode dar, nesta vida e na próxima.

ESTUDOS BÍBLICOS DA SÉRIE *DESCOBRINDO A PALAVRA*

GUIA DO LÍDER E DO APRENDIZ

Nosso propósito

Os estudos bíblicos da série *Descobrindo a Palavra* auxiliam pastores e líderes a discipular e ensinar os cristãos, através da utilização dos livretos da série *Descobrindo a Palavra*. Esta série utiliza o método de estudo bíblico indutivo para ajudar os cristãos a compreenderem a Bíblia com maior clareza.

Auxílios para o estudo

O versículo-chave, o objetivo e versículos para memorizar são apresentados no início de cada estudo e poderão ser utilizados como bússola e mapa de orientação.

Algumas passagens bíblicas-chave são citações integrais. Elas ajudarão o aprendiz a concentrar-se nestas passagens, examinar e comparar textos bíblicos com maior facilidade — auxiliando a compreensão dos seus significados. Os interessados são incentivados a abrir suas próprias Bíblias e examinar outros trechos das Escrituras.

Como usar os estudos bíblicos da série *Descobrindo a Palavra* (individualmente e em pequenos grupos)

Individualmente — estudo pessoal

- Leia as páginas indicadas no texto.
- Reflita com atenção e responda às perguntas.

Pequenos grupos — estudos bíblicos

- Para valorizar o encontro do grupo, cada membro deve cumprir as tarefas da lição antes da reunião.
- Tempo recomendado para o estudo: 45–55 minutos.
- Envolva o grupo no debate, buscando a participação de cada um dos membros.

Visão geral das lições

Estudo	Tópico	Texto Bíblico	Leitura	Perguntas
1	Quem é o Consolador?	2 Coríntios 1:3-4;4:8-9	pp.6-9	pp.10-11
2	Onde podemos encontrar conforto? (Parte 1)	2 Coríntios 1:8-10	pp.13-17	pp.18-19
3	Onde podemos encontrar conforto? (Parte 2)	2 Coríntios 2:4-8	pp.21-25	pp.26-27
4	Onde podemos encontrar conforto? (Parte 3)	2 Coríntios 3:17–4:1	pp.28-31	pp.32-33
5	Onde podemos encontrar conforto? (Parte 4)	2 Coríntios 12:7-10	pp.34-37	pp.38-39

O formato dos estudos bíblicos da série *Descobrindo a Palavra* contém uma abordagem "em camadas", com quatro segmentos. Estes segmentos trazem perspectivas que se tornam cada vez mais personalizadas e concentradas. Veja a sequência:

Quebra-gelo. Nesta seção, usa-se uma pergunta de interesse geral para iniciar o debate (em pequenos grupos) ou para "colocar a cabeça para funcionar" (no estudo individual). A intenção é iniciar o processo de interação entre os participantes.

Reflexão: Aqui, o aprendiz ou o grupo é convidado a refletir sobre o material da série *Descobrindo a Palavra,* lido anteriormente. Ao considerar as informações e as deduções inseridas no livreto, as perguntas ajudam a compreender melhor os conteúdos desta seção do livreto.

Aprofundamento: Distanciando-se do material da série *Descobrindo a Palavra,* esta seção utiliza o texto bíblico-chave da lição e envolve o aprendiz ou grupo em breve estudo indutivo daquela passagem das Escrituras. Como consequência, traz a autoridade da Bíblia para a linha de frente do estudo, à medida que consideramos sua mensagem para nossos corações e vidas.

Um passo adiante: Este segmento final contém duas partes. Na seção *Falar sobre,* o aprendiz ou o grupo tem a oportunidade de testar as ideias das lições, confrontando-as com o restante da Bíblia, usando referências cruzadas do texto com outros versículos. Em *Refletir* o aprendiz ou grupo é desafiado a aplicar pessoalmente a lição, respondendo de modo prático ao que foi aprendido.

SÉRIE MENSAGENS PARA O PÚLPITO
(para pastores e líderes de igreja)

Embora os estudos bíblicos da série *Descobrindo a Palavra* sejam, principalmente, para estudos individuais e em grupos, alguns pastores podem usá-los como um auxílio para uma série de mensagens sobre o mesmo tema.

Os tópicos e texto seguem este modelo:

Sermão	Tópico	Texto
1	Quem é o consolador?	2 Co. 1:3-4; 4:8-9
2	Onde podemos encontrar conforto? (parte 1)	2 Co. 1:8-10
3	Onde podemos encontrar conforto? (parte 2)	2 Co. 2:4-8
4	Onde podemos encontrar conforto? (parte 3)	2 Co. 3:17–4:1
5	Onde podemos encontrar conforto? (parte 4)	2 Co. 12:7-10

Este guia de estudos bíblicos da série *Descobrindo a Palavra* trará a oportunidade para crescimento e orientação. Para melhor compreensão das verdades espirituais de cada estudo, em circunstâncias diversas, este material permite a flexibilidade na aplicação dessas verdades espirituais.

A chave para a boa argumentação está na preparação de cada participante, sejam estes: pequenos grupos de estudo bíblico, escola dominical, grupos de estudos bíblicos temáticos, grupos de estudos de homens e mulheres, ou de toda a congregação local. Da mesma maneira, o resultado positivo decorrente do uso pessoal e pastoral destes estudos, será diretamente proporcional ao tempo que se investiu no uso deste recurso bíblico.

Que ao utilizar, ensinar ou estudar este livreto você possa "crescer na graça e no conhecimento de nosso Senhor e Salvador Jesus Cristo" (2 Pedro 3:18).

Reflexões

Reflexões

Reflexões

Reflexões

Reflexões